LA POMME

COMÉDIE EN UN ACTE

EN VERS

PAR

THÉODORE DE BANVILLE

PARIS

MICHEL LÉVY FRÈRES, LIBRAIRES ÉDITEURS

RUE VIVIENNE, 2 BIS, ET BOULEVARD DES ITALIENS, 15

A LA LIBRAIRIE NOUVELLE

—

MDCCCLXV

LA POMME

COMÉDIE

Représentée pour la première fois à Paris,
sur le Théâtre-Français, par les Comédiens ordinaires,
de l'Empereur, le 30 juin 1865

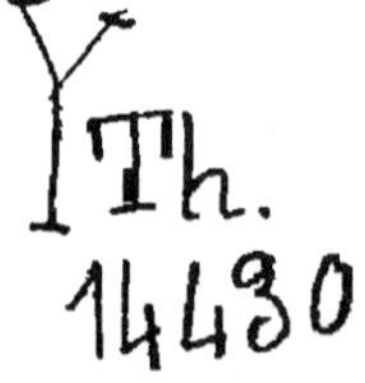

COMÉDIES EN VERS DU MÊME AUTEUR.

DIANE AU BOIS.

LES FOURBERIES DE NÉRINE.

LE BEAU LÉANDRE.

LE FEUILLETON D'ARISTOPHANE.

LE COUSIN DU ROI.

En collaboration avec M. PHILOXÈNE BOYER.

EN PRÉPARATION :

GRINGOIRE

Comédie en prose.

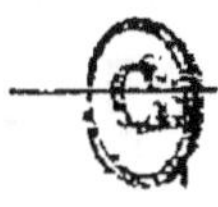

PARIS. — J. CLAYE, IMPRIMEUR, RUE SAINT-BENOÎT, 7.

LA POMME

COMÉDIE

EN UN ACTE, EN VERS

PAR

THÉODORE DE BANVILLE

PARIS

MICHEL LÉVY FRÈRES, LIBRAIRES ÉDITEURS

RUE VIVIENNE, 2 BIS, ET BOULEVARD DES ITALIENS, 15

A LA LIBRAIRIE NOUVELLE

—

M DCCC LXV

Tous droits réservés

1865

A propos de cette esquisse fugitive, combien de remer-
ciments n'ai-je pas à adresser ! A la Comédie-Française,
dont le comité m'a accueilli avec une sympathie si hono-
rable pour moi ; à son administrateur, lettré exquis et délicat entre tous, qui, dans cette circonstance, a voulu
être indulgent pour les caprices même les plus frivoles
d'un rimeur ; à mon cher ami Régnier, qui m'a offert ses
conseils et l'appui de son expérience avec un dévouement
fraternel ; enfin aux deux comédiens excellents dont le
talent a réalisé pour moi l'impossible. Coquelin a la
science, la furie, le génie comique, l'inspiration, et,
comme Théophile Gautier l'a dit, possède à fond les se-
crets les plus compliqués et les plus insaisissables du
vers de comédie, tour à tour lyrique et bouffon, tel que
nous l'a légué Racine. Mlle Ponsin, jeune, charmante,
gracieuse, artiste accomplie, sait mettre dans sa voix
merveilleusement belle les accents d'une Célimène idéale.
Par reconnaissance pour ces deux admirables interprètes,
la Critique, cette fois, a voulu me faire crédit en attendant
une œuvre plus importante et m'a traité avec une bien-
veillance que je ne saurais oublier ; le public a daigné
m'encourager par des applaudissements et par des rires
plus flatteurs encore ; il ne me reste qu'à essayer de jus-
tifier des faveurs si peu méritées !

T. B.

LA POMME[1]

PERSONNAGES

MERCURE.	M. COQUELIN.
VÉNUS.	Mlle PONSIN.

La scène est dans l'île de Cythère.

LA POMME

Chez la déesse Vénus, aux portes de la ville de Cythère. Un palais d'été dont les colonnes cannelées, les salles bâties à ciel ouvert et les constructions prolongées au loin se mêlent à des jardins de lauriers-roses. Aux portiques pendent des guirlandes de fleurs et de feuillages. Sur les murailles, des flûtes et des lyres. Une statue de l'Amour enfant, nu et appuyé sur son arc; une fontaine jaillissante, dont l'eau retombe dans un bassin d'or. Jardinières de marbre sculpté d'où s'élancent de grandes fleurs éclatantes; lits couverts de riches étoffes d'Asie; meubles d'ivoire. Sur une table de mosaïque sont posés un coffret d'où les riches joyaux débordent, et un miroir à main en or poli. On est au milieu d'un jour d'été brûlant, où tout languit et frissonne dans la lumière blanche.

SCÈNE PREMIÈRE.

MERCURE.

J'y suis enfin! — Voilà Cythère, et la maison
Où demeure Cypris dans la belle saison.
Oh! je suis las! Mes pieds devancent les gazelles,
Et quand je ne cours pas, il faut voler. Mes ailes
N'en peuvent plus. Mon sort me devient odieux.
Quel état que celui de messager des dieux!
Paresseux et gourmand, ce serait mon affaire
De bien manger, de bien dormir, de ne rien faire

Et d'économiser mon travail et mes pas.
Chansons! Je ne dors pas et je ne mange pas!
Si je veux sommeiller sous la nuée obscure,
Mille voix aussitôt m'appellent:

(Imitant diverses voix de femmes auxquelles il répond à mesure
qu'elles lui parlent.)

— Ho! Mercure!

— Hein? — Mercure par ci! — Quoi? — Mercure par là!
En haut! En bas! Partout! Las ou non, me voilà.

(Au public.)

Oui, quoique dieu pasteur, prince et conducteur d'âmes,
C'est moi qui fais encor les courses de ces dames.
Celle-ci veut sa flûte et l'autre son tambour!
Et ce n'est rien auprès des messages d'amour!
A travers les grands cieux je vais de porte en porte,
Et je les porte.

(Après une pause.)

J'en rougis. Mais je les porte!

(Imitant le ton qu'il prend pour s'acquitter d'un message.)

« Cher seigneur, ce jasmin vient de qui tu sais bien.
« Bon espoir. Et surtout pas un mot. N'en dis rien. »

(D'une voix plus douce, et comme s'acquittant d'un autre message.)

« Ma nymphe, Jupiter de là haut te fait signe.
« Sois heureuse. Il viendra dans son habit de cygne. »

(Tirant la pomme du filet où elle est contenue.)

En ce moment encor je vais porter ceci :
Une pomme. Tout près. Rien qu'à Sparte! merci,
A Sparte! Oui, Jupiter l'envoie... « A la plus belle! »
C'est-à-dire à la reine, hier encor rebelle,
Qui, ce matin... Léda trouva ce damoiseau
Plus tendre, j'imagine, un figure d'oiseau!

Donc, j'arrivais à peine, il faut que je reparte.
Il faut porter la pomme à la reine de Sparte!
     (Avec indignation.)
O misère! Je vis dans un monde enchanté
Où toute forèt cache une divinité,
Où la naïade rit dans chaque source pure,
Où la dryade jette au vent sa chevelure,
Où les nymphes en chœur sur le mont escarpé
Mènent leur danse agile, et toujours occupé
A conter de la part des dieux le même conte,
Je n'ai pas le temps d'être amoureux pour mon compte!
     (Avec résolution.)
Eh bien! si! Le coureur se révolte. Je suis
Amoureux fou. D'Hébé. Mais plus je la poursuis,
Plus elle fuit, ou bien elle m'envoie à droite,
A gauche, sans repos. Oui, cette nymphe adroite
Me fait trotter, courir, dieux! — Pourquoi suis-je ici,
A Cythère? Le fait doit vous être éclairci.
Mais, quand je l'aurai dit, comme l'on va se rire
De ma crédulité! Je viens, c'est du délire!
Dans le frivole espoir... d'un rien, d'un rendez-vous
Avec Hébé, je viens, mais quoi! nous sommes tous
Plus ou moins fous, je viens... dérober la ceinture
De Vénus! O l'étrange et l'absurde aventure!
On peut voler un astre au ciel, on peut vouloir
Faire taire une femme ou rendre un cygne noir;
Emprisonner la mer d'azur dans la corbeille
D'une nymphe, ou bien suivre en courant une abeille,
On le peut; mais voler cette ceinture, non!
Or, voici l'incident qui se produit : Junon
Cherche à reconquérir son époux infidèle,

Qui depuis trop longtemps fait le cygne loin d'elle !
Mais pour mener à bien cet honnête roman,
Il lui faut (dit Hébé) le divin talisman
Auquel rien ne résiste, en un mot, la ceinture
Dont Cypris elle-même enchante la nature !
Sans doute, on lui dirait en vain : « prête-nous-la ! »
Cypris ne prête plus cette ceinture-là.
Mais si je puis l'avoir par force ou par adresse,
Hébé, si dévouée à sa bonne maîtresse,
Me promet que mes vœux, jusqu'à présent déçus,
Se pourront voir...

(Avec fatuité.)

Je dois me taire là-dessus !
Même, tout est prévu ! si Junon d'aventure
Réussit sans avoir besoin de la ceinture,
La promesse d'Hébé tient encore, et je suis
Averti, car Junon, dont on sait les ennuis,
A pour premier souci, lorsque Jupiter l'aime,
De l'annoncer au monde, en faisant elle-même
Parler la foudre avec un accent souverain.
La foudre gronde alors au front du ciel serein,
Rajeunissant la terre et la vague profonde,
Et le bonheur d'un dieu fait le bonheur du monde.
Traduire ainsi : « Junon fait bon ménage au ciel, »
C'est un bizarre emploi du style officiel !
Enfin, quoi qu'il en soit, je courtise et j'adore
Hébé, si gracieuse à porter son amphore.
Ce qu'elle veut de moi, je l'aurai ! Fort bien. Mais
Par quel moyen ? par quel artifice ? Jamais
Fût-ce pour un instant, Cypris aux bras de neige
Ne quitte la ceinture. A moins... à moins... que sais-je ?

Je séduirai Cypris! Pourquoi pas? J'ai la dent
Blanche, la chevelure épaisse et l'œil ardent;
Et Cypris, une fois conquise, me procure
Le bonheur d'attendrir ma belle. — Heureux Mercure!
Vénus! J'entends son pas rapide et triomphant.
Serrons ma pomme. Chut!

> (Il va cacher le filet qui contient la pomme derrière un grand
> vase placé sur un piédestal, qui pour quelques instants le
> dérobera lui-même aux yeux de Vénus. Elle entre, alan-
> guie par l'ennui implacable d'un jour d'été et de l'heure de
> midi.)

SCÈNE II.

VÉNUS, MERCURE.

VÉNUS.

Que l'air est étouffant!
Toujours le même ciel et ses saphirs moroses!
Toujours le même azur! toujours les mêmes roses!
Oh! que ne suis-je, ainsi que Diane, parmi
Les chasseresses, dans le grand bois endormi
Qu'éveillent tout à coup, par les rouges aurores,
Les aboiements des chiens et les grands cris sonores!
Je sens devant mes yeux flotter une vapeur
De feu.

> (Prenant son miroir. — Avec une moue enfantine.)

Viens, toi, miroir.

> (Après s'être regardée.)

Je suis à faire peur.

> (Au miroir.)

Va-t'en.

> (Elle va pour jeter son miroir; mais elle n'achève pas le geste
> et se regarde de nouveau.)

Cette coiffure est laide.

(Avec accablement.)

Oh ! je m'ennuie.

Ne tombera-t-il pas quelques gouttes de pluie !

MERCURE, à part.

Elle s'ennuie. Elle est maussade. Elle veut voir
La nuée en courroux sur la terre pleuvoir.
Elle a ses nerfs ! J'arrive à l'instant favorable.
Produisons-nous. Allons.

(Regardant Vénus avec convoitise.)

C'est qu'elle est adorable !

(Haut.)

Salut, belle Cypris.

VÉNUS, très-nonchalamment.

Bonjour. De quelle part

Viens-tu ?

MERCURE, piqué.

De quelle part ! De la mienne.

VÉNUS, d'un ton glacé.

Il est tard.

Adieu, seigneur Mercure. Il faut que je me pare
Pour le festin des dieux.

MERCURE.

Ne sois pas si barbare.

Demeure.

VÉNUS.

Que veux-tu me dire ?

MERCURE, regardant Vénus avec amour.

Les beaux yeux !

Tel est l'éblouissant rayonnement des cieux,

Lorsque le dieu Soleil y guide son quadrige
A travers des chemins de perles! Mais, que dis-je!
L'azur délicieux, dont l'astre d'or s'éprend,
Ne vaut tes regards!

VÉNUS, très-surprise.

Tiens! qu'est-ce qui te prend?
Je ne t'ai jamais vu comme cela.

MERCURE.

Tes vagues
Prunelles ont gardé la profondeur des vagues
Que sur l'immensité des mers tu contemplais,
Le jour où tu naquis!

VÉNUS.

Parle encor. Tu me plais.

MERCURE, à part, avec fatuité.

J'en étais sûr!

(Haut.)

Tu viens, et la terre est en fête!

VÉNUS.

Comment-donc! On dirait que te voilà poëte!

MERCURE.

Oui, je le suis. Pour toi! Le Rhythme, oiseau charmant,
Entre dans mon esprit avec l'enchantement
Que ta présence donne à l'univers physique,
Et tout en moi devient harmonie et musique!

VÉNUS.

Oui vraiment, c'est parler comme un faiseur de vers!

MERCURE.

C'est que j'aime!

VÉNUS.

Crois-moi, les lauriers sont trop verts.
Abandonne l'emploi de poëte lyrique;
L'honneur en est douteux et le gain chimérique.
Le génie est un gueux pensif qui meurt de faim.

MERCURE.

Quoi! tant d'amour...

VÉNUS.

Soyons sérieux, à la fin.
La plus courte folie est, dit-on, la meilleure.
Je m'ennuyais, tu m'as distraite. A la bonne heure.
Tu te diras le reste à toi-même, en marchant.
Quel est ton état? Dieu des marchands? sois marchand.
A quoi sert un courrier, s'il ne court? Prends tes ailes
A ton cou. Fais ménage avec les hirondelles.

MERCURE, piteusement.

Mais je brûle!

VÉNUS.

Traverse un nuage, et ce feu
Va s'éteindre.

MERCURE.

Inhumaine!

VÉNUS, excédée.

Oh! je t'en prie. Adieu.
(Avec ennui.)
Quand chacun en fadeurs près de moi s'évertue,
Hélas! j'aimerais mieux, je crois, être battue.

M'assassiner ainsi, c'est une trahison,
Un meurtre, et ce n'est pas vraiment une raison,
Si ces faibles attraits m'ont valu quelque gloire,
Pour m'en punir toujours d'une façon si noire!

MERCURE.

Je pars donc.

(Silence de Vénus. — Insistant.)

Je m'en vais.

VÉNUS.

Bon!

MERCURE, à part.

Je suis mal tombé.
Je n'irai pas ce soir au rendez-vous d'Hébé.
Battu partout! Deux cœurs du même coup rebelles!
Je reste sans amour et seul entre deux... belles!
Partons. Allons porter la pomme aux blanches dents
De Léda.

(Mercure, se disposant à partir, va prendre à la place où il l'a
caché le filet qui contient la pomme, et s'assure qu'il est
solidement fermé.)

VÉNUS, apercevant le filet.

Qu'est ceci?

MERCURE, de mauvaise humeur.

Rien.

VÉNUS.

Qu'as-tu là dedans,
Mercure?

MERCURE.

Là dedans?

1.

VÉNUS.

Dis-le-moi.

MERCURE.

Rien, té dis-je.

VÉNUS.

Si.

MERCURE.

Que t'importe?

VÉNUS.

Enfin, dis-le-moi! Je l'exige.

MERCURE.

Tout de bon?

VÉNUS.

Je le veux.

MERCURE.

Et moi non. A mon tour
D'être méchant.

VÉNUS.

C'est pour la jeune Iris?

MERCURE.

Non.

VÉNUS.

Pour
Phébus-le-Blond?

MERCURE.

Non.

VÉNUS.

Pour Mars?

MERCURE.

Non.

VÉNUS.

Pour Terpsichore?

MERCURE.

Non.

VÉNUS.

Dis-moi ce que c'est!

MERCURE.

Rien du tout.

VÉNUS.

Mais encore?

MERCURE.

Je ne t'écoute plus. Autant je t'admirai,
Autant mon juste orgueil se doit...

VÉNUS.

Je t'aimerai!
Dis-le.

MERCURE.

Belle promesse et vraie, et sérieuse!

VÉNUS, frappant du pied.

Tu le diras, ou bien...

MERCURE, à part.

Tiens! tiens! tiens! Curieuse!
Elle est prise.

(Haut.)

L'objet qu'enferme ce réseau
Ne vaut pas, à bien dire, une plume d'oiseau

Qui s'en va dans la brume avec le vent d'orage.
Pourtant, je ne puis pas te l'offrir, dont j'enrage!
Et j'aime mieux m'enfuir au ciel aérien
Que d'oser, par malheur, te refuser — ce rien!

VÉNUS.

Montre-le-moi, — ce rien!

MERCURE.

A quoi bon?

VÉNUS.

Je t'en prie.

MERCURE.

Je ne puis.

VÉNUS.

J'ai regret de ma coquetterie.

MERCURE.

Cruelle!

VÉNUS, tendrement.

On pense oui souvent, lorsqu'on dit non.

MERCURE.

C'est un fruit inconnu que j'apporte à Junon.

(A part.)

Bien menti!

VÉNUS, regardant et flairant la pomme, qu'elle a d'abord voulu
prendre, mais que Mercure n'a pas lâchée.

Le beau fruit! Quel parfum! On le nomme?

MERCURE.

Il n'importe.

VÉNUS.

Dis-moi son nom !

MERCURE.

C'est une pomme.

VÉNUS, avec une grâce enfantine.

Le joli fruit ! Le nom charmant ! Donne-la-moi,
Ami !

MERCURE, retenant la pomme.

Si je veux pour jamais fâcher le roi
De l'Olympe, ce dieu qui jamais ne diffère
A nous punir, je n'ai pas autre chose à faire.
Il saurait se venger par quelque affreux tourment !

VÉNUS.

Eh bien, prête-la-moi.

(Mercure fait un geste de dénégation.)

Pour un petit moment !
Permets du moins que seule, à mon aise, j'admire
Sa couleur de rubis et son parfum de myrrhe.

MERCURE.

Oh ! comme devant toi mon amour ébloui
Est faible !

VÉNUS.

N'est-ce pas que tu veux bien ? Dis : oui !

MERCURE.

Je vais y réfléchir.

(A part, tandis que Vénus suit ses mouvements d'un regard inquiet.)

Au fait, laisser la pomme
En ses mains ? Pourquoi pas ? Toute femme se nomme

Fragilité ! Vénus peut faiblir, et partant... —
C'est dit ! je la lui laisse ! — Et Léda qui m'attend
Près de l'Eurotas ? — Bah ! dans les grands cieux limpides
On va vite. Il fait beau, mes ailes sont rapides,
J'ai le temps de parer à tout événement !

VÉNUS.

Eh bien !

MERCURE.

Pour un moment, n'est-ce pas ? Justement
J'aurais certain message à porter, j'imagine,
Près d'ici.

VÉNUS.

Quel bonheur !

MERCURE, tenant haut la pomme.

Oui, dans l'île d'Égine.
Mais, si je te prêtais ce fruit, à mon retour
Me le rendrais-tu ?

VÉNUS, se levant sur la pointe des pieds
pour atteindre la pomme.

Bon Mercure ! tant d'amour !

MERCURE.

Tu me tromperais !

VÉNUS.

Non.

MERCURE.

Je le vois.

VÉNUS.

Oh ! Mercure !

MERCURE.

Tu m'as si mal reçu !

VÉNUS.

C'est vrai. Mais je te jure...

MERCURE.

Par quoi ?

VÉNUS.

Par !.. Quel serment te faut-il ?

MERCURE.

Le phénix
Des serments.

VÉNUS, effrayée.

Le Styx ?

MERCURE.

Oui. — Jure.

VÉNUS.

Soit. — Par le Styx !

MERCURE.

Jure qu'à mon retour...

VÉNUS, impatientée.

Oui !

MERCURE,

Tu rendras la pomme.

VÉNUS.

Eh bien, par l'eau du Styx, je le jure.

(A part.)

Il m'assomme.

(Haut et voulant prendre la pomme.)
Donne.

MERCURE, retirant la pomme.

Songe que seul je puis te relever
De ton serment !

VÉNUS.

Sans doute. Ai-je l'air de rêver?
Je sais ce que je dois à ma noble origine !

MERCURE, abandonnant la pomme à Vénus, qui s'en saisit
avec un air de joie et de triomphe.

Alors, c'est dit.

VÉNUS, toute à la pomme.

Va-t'en vite à l'île d'Égine.

MERCURE.

J'y vais.

VÉNUS, admirant la pomme.

Qu'elle est jolie ! Elle a le teint vermeil.
On voit que le baiser amoureux du soleil
L'a caressée.

MERCURE.

Adieu, belle Vénus.

VÉNUS.

Mercure,

Adieu.

MERCURE.

Vénus, Hébé, la pomme, la ceinture,
Tout marche bien. Je puis gaîment prendre mon vol.
Vive Mercure, dieu de l'adresse... et du vol !

SCÈNE III.

VÉNUS, s'adressant à la pomme.

Il nous laisse à la fin ! — Viens que je te regarde,
Pomme rose ! Qu'elle est gracieuse et mignarde !
Les corolles en feu dont le nom m'est si cher
Éblouissent moins qu'elle. On dirait que sa chair
Est vivante, et sa peau rougissante et dorée
Frémit à mon contact, comme une fleur pourprée.

(Respirant et flairant la pomme.)

Suave et délicat parfum ! si pénétrant
Qu'il me trouble, et je crois sentir, en respirant
Cette mystérieuse haleine avec délice, ·
Que sa verte fraîcheur dans mes veines se glisse.

(Rêvant.)

Une pomme. Quel goût peut-elle avoir ?

(Approchant la pomme de ses lèvres.)

Je puis
Le savoir tout à fait. Je n'ai qu'à mordre.

(Retirant vivement la pomme.)

Et puis
Après ? Ce serait mal, car j'ai juré.

(Avec un long soupir.)

Mais comme
Cela doit être bon de manger une pomme !

(Approchant encore la pomme de ses lèvres.)

Si, je veux...

(La retirant.)

Non, c'est mal. Éteins-toi, mon désir,

Meurs! Si vous m'épiez, brise, tremblant zéphyr,
Vous voyez que je suis sage, et que je retire
Mes lèvres de ce fruit caressant qui m'attire!

(Avec dépit.)

Vraiment, cette Junon est heureuse. Elle n'a
Qu'à parler! On irait jusqu'au fond de l'Etna
Pour chercher ce que veut son caprice farouche.
Douce pomme! On dirait qu'elle baise ma bouche!

(Parlant à la pomme.)

Tu me tentes! Tu viens mêler ton souffle au mien,
Charmeresse! Va-t'en. Je ne veux pas.

(Comme involontairement, elle donne un coup de dent et mord
la pomme. Lui parlant.)

                 Eh bien,

Folle!

(Avec une philosophie résignée.)

   Tant pis. Le mal est fait. Il ne m'en coûte
Pas plus d'en finir. Non. Je veux la manger toute.
Ma foi! Junon verra son espoir envolé!
Je m'en moque.

(Mordant la pomme à belles dents.)

       Oh! c'est bon! bon comme un fruit volé!
C'est bon comme un tour fait à Junon!

(Elle mange la pomme. Comme frappée d'une idée subite.)

               Que dirai-je

A Mercure?

(Se rassurant tout de suite,)

    Après tout, il me tendait un piége!
Certe, on le loue avec raison d'être éloquent
Et beau diseur; mais il est dieu, par conséquent
Homme, par conséquent... imbécile! Bonne âme

Si l'on veut, mais sot. Moi, je suis doublement femme,
A tout le moins! Les gens du sexe fort sont nés
Pour être des pantins qu'on mène par le nez.

(S'asseyant sur le lit de repos.)

Et je m'efforcerais à chercher que lui dire?
Des raisons? J'ai mes yeux. Des mots? J'ai mon sourire!

SCÈNE IV.

VÉNUS, MERCURE.

MERCURE, entrant, à part.

Vénus est là !

(Regardant Vénus, toujours absorbée dans ses réflexions.)

Ses yeux semblent irrésolus.
A-t-elle encore la pomme, ou ne l'a-t-elle plus?
Voilà la question!

VÉNUS, à part.

Je me fais une fête
De tromper ce trompeur. C'est une affaire faite.

(Apercevant Mercure.)

Ah! le voici!

(Haut à Mercure d'un ton gracieux.)

Déjà de retour?

MERCURE.

Oui.

VÉNUS.

Sais-tu
A quoi je pensais, là, dans ce réduit vêtu
D'ombre où j'entends parler mon cœur que nul n'écoute?

A ce que tu m'as dit tantôt. C'était sans doute
Par passe-temps !

MERCURE, affriandé.

Non pas !

VÉNUS, avec coquetterie.

Ce langage discret
Et tendre de l'amour est si doux qu'on voudrait
Y croire !

MERCURE.

O bonheur !

VÉNUS.

Mais le moyen ? Je suppose
Que lorsqu'Iris te parle avec sa bouche rose,
Tu lui fais comme à moi tous ces contes en l'air !

MERCURE.

Que puissent à la fois le tonnerre et l'éclair
Descendre sur mon front si j'ai cette pensée !

VÉNUS, rêveuse et avec coquetterie.

Sans doute, bien souvent, du tumulte lassée,
On aimerait, fuyant le rire de nos sœurs,
A s'endormir parmi les sereines douceurs
D'une amitié fidèle, ainsi que dans un songe !
Mais, à qui se fier ?

MERCURE.

A moi !

VÉNUS.

Tout est mensonge.
On ne voit pas les cœurs !

MERCURE.

Le mien est plein de toi.

VÉNUS, comme se faisant violence.

Eh bien, un jour, plus tard, ce n'est pas sans effroi,
Que chez nous la fierté mourante s'humilie,
Tu me reparleras, quoique ce soit folie...

MERCURE.

De mon amour?

VÉNUS.

Je n'y crois pas.

MERCURE, avec reproche.

Oh!

VÉNUS.

Mais il est

Tel mensonge parfois dont la grâce nous plaît
Plus que la vérité !

MERCURE.

Laisse que je te jure...

VÉNUS.

Rien.
(Montrant la fontaine jaillissante.)

Au bruit de cette onde heureuse qui murmure,
J'y veux rêver tout bas, seule sous le ciel bleu,
Sans que rien ne se mêle à ma pensée.

(Tendrement.)
Adieu.

MERCURE, à part.

Adieu, tout bonnement, sans plus d'affaire ! En somme
Tout ce phébus tendait à m'esquiver la pomme !
Nous verrons.

(Haut.)

Laisse-moi baiser ces petits doigts
De lys !

VÉNUS.

Mercure, non ! Je ne sais si je dois...

MERCURE.

Tu le dois.

VÉNUS, se levant et s'éloignant tout à fait de Mercure.

Non. Plus tard. Ma beauté qu'on renomme
Redoute son vainqueur !

MERCURE, très-froidement.

C'est juste. Alors,

(Tendant sa main.)

ma pomme.

VÉNUS.

Hein ? Quoi ?

(A part,)

Nous y voici !

MERCURE.

Ma pomme.

VÉNUS.

On ne m'aima
Jamais plus tendrement, pourtant je tremble.

MERCURE.

Ma

Pomme !

VÉNUS.

Tu sais, ami, le jour qu'on nous délaisse,
C'est nous, nous qui pleurons un moment de faiblesse !
Quitte-moi. J'ai besoin du calme bienfaisant.
Un jour, — quand je serai plus forte qu'à présent, —
Nous nous retrouverons tous deux assis là !

MERCURE, s'asseyant sur le lit de repos
et attirant Vénus près de lui.

Comme
Nous y voici.

(Tendant la main.)

Rends-moi ma pomme.

VÉNUS, feignant l'étonnement.

Quelle pomme ?

MERCURE.

La pomme qu'admiraient tes regards curieux,
Ce matin !

(Tendant la main.)

Rends-la-moi.

VÉNUS, feignant une extrême surprise.

Quoi ! C'est donc sérieux !
Ce joujou, cette — pomme, oui, je l'ai souhaitée,
Ayant cru que, par jeu, tu l'avais apportée
Comme un amusement, pour divertir mon fils
Aux cheveux d'or, qui rit là-bas parmi les lys !
Puisque c'est sérieux...

MERCURE.

Très-sérieux.

VÉNUS, à part.

Que dire?

(Haut, d'une voix très-caressante.)

Puisque les beaux serments, ton amour, ton délire,
Tout ce que tu voulais, tout ce que je rêvais
Te laisse du loisir pour la pomme...

MERCURE, un peu honteux.

Oh!

VÉNUS, voulant gagner du temps.

Je vais

La chercher.

MERCURE, à part.

Tout de bon! Elle va me la rendre?
Mais ce n'est pas mon compte!

(Haut.)

Attends...

VÉNUS.

Que sert d'attendre?

Tu reprendras ce qui t'est dû, mais, en retour,
Ne me viens plus après parler de ton amour.

MERCURE, confus.

Si je...

VÉNUS.

Tout est fini. Tu quitteras Cythère.

MERCURE, à part.

Vaincu!

(Par hasard, il baisse les yeux vers la terre, et aperçoit tout
à coup les pepins de la pomme que Vénus y a jetés. — Avec
la joie du triomphe.)

Dieux ! ces pepins qu'elle a jetés à terre !
Elle a croqué la pomme !

(Haut, d'un ton patelin.)

Oh ! Cypris, n'y va pas.

C'est inutile.

VÉNUS.

Mais...

MERCURE.

Épargne-toi des pas

Superflus.

VÉNUS.

Je veux voir où l'on aura pu mettre

Cette pomme !

MERCURE, ramassant par terre les pepins de la pomme.
et les montrant à Vénus.

Voilà qui pourra te permettre
De ne pas la chercher dans l'herbe, — ou sous les pins !

VÉNUS, confondue.

Ah !

MERCURE.

Vois-tu ?

VÉNUS, faisant semblant de ne pas savoir ce dont il s'agit.

Qu'est cela ?

MERCURE.

Les pepins.

VÉNUS.

Les pepins ?

2

MERCURE.

Eux-même. — Et si la pomme à Junon adjugée
Ne se trouve pas, c'est...

VÉNUS.

C'est?...

MERCURE.

Que tu l'as mangée !

VÉNUS, tranquillement.

Eh bien ?

MERCURE.

Comment ? Eh bien ! — Sais-tu que pour avoir
Devant tes yeux de flamme oublié mon devoir,
Je puis être exilé dès demain, dans des sites
Fort tristes, par delà l'univers, chez les Scythes !
Il se peut que, malgré mes soupirs éloquents,
Je sois, comme Vulcain, jeté sous des volcans,
Ou que, m'assimilant à Phébus, on m'admette
A garder les moutons comme lui, chez Admète !

VÉNUS.

Pauvre Mercure !

MERCURE.

Oui, pauvre Mercure ! — Mais
Aussi, pauvre Vénus ! Écoute, je t'aimais,
C'est vrai ; mais ne crois pas que seul, sous des cieux mornes,
Je m'exile. Après tout, la clémence a des bornes.

VÉNUS.

Comment ?

MERCURE.

C'est assez clair. Tu m'as fait un serment
Terrible, par le Styx, et nécessairement
Tu prendras la moitié du châtiment. Embrasse
Ton fils, il en est temps.

VÉNUS.

Non, grâce!

MERCURE.

Pas de grâce.
Ah! tu manges ainsi nos pommes. Tu me fais
Exiler pour payer le prix de tes forfaits,
Et tu crois que je vais partir avec ma flûte,
Calme et gai, sans vouloir t'entraîner dans ma chute!
La Scythie, où les froids sont fort invétérés,
Est un pays aimable, et vous en tâterez.

VÉNUS.

Grâce!

MERCURE.

Non pas, Vénus. Ta gloire aussi s'efface!
Je veux être berger! Soit. Mais que l'on te fasse
Bergère! Ces joyaux, dont le ciel est jaloux,
Tu ne les auras plus! ni ces parfums si doux
Que les Grâces versaient sur tes robes hautaines!

VÉNUS.

O dieux!

MERCURE.

Tu laveras tes bras dans les fontaines!

VÉNUS.

Dans les fontaines! De l'eau pure!

MERCURE.

                 Et si tu veux

Qu'on celèbre ton front de reine ou tes cheveux,
Des bouviers mal léchés, que le désert façonne,
Te diront ces douceurs!

VÉNUS.

          Des bouviers! Je frissonne.

MERCURE, à part.

Je te tiens dans ma main, déesse au front charmant!
Et, pour te racheter de ton fatal serment,
Cypris, tu ne me peux refuser la ceinture.
Mais quoi! fi de si plats moyens! quelle imposture
Piteuse! — Qui sera de sa gloire jaloux
Si ce n'est moi, le roi superbe des filous,
Qui sus dérober, fier de ma divine essence,
Les troupeaux d'Apollon, le jour de ma naissance!
Sois noble, ô mon génie, et laissons en ce lieu
Le souvenir d'un vol qui soit digne d'un dieu!

(Regardant Vénus à la dérobée.)

Elle est charmante avec cette petite moue! —
A présent, c'est ton cœur, Cypris, que je te joue!

(Haut, à Vénus.)

Tu garderas ta place au chœur olympien.
Je te rends ton serment. Je ne veux rien.

VÉNUS, étonnée.

                   Rien!

MERCURE.

                     Rien.

VÉNUS.

Tu m'étonnes!

MERCURE.

Je vais t'étonner plus encore !
Tu m'as trompé, tu m'as exilé ; je t'adore
Et te bénis ! Cypris, croiras-tu désormais
A la sincérité de mes paroles ?

VÉNUS.

Mais

L'inflexible courroux de Jupiter ?

MERCURE.

Qu'importe
Si le palais sacré ferme sur moi sa porte
Et si je ne vois plus les demeures des dieux !
Je le subirai seul, ce courroux odieux,
Et pour moi, pauvre fou qui t'adore et qui t'aime,
Si tu ne me hais plus, l'exil c'est le ciel même !

VÉNUS, touchée.

On ne te connaît pas !

MERCURE, en tartufe.

Non. Mais toi, maintenant,
Tu me connais !

VÉNUS.

Les dieux loin du ciel rayonnant
Vont t'exiler ! Tu pars chargé de leur disgrâce !
Mais moi, je ne suis pas de celles qu'on surpasse
En générosité. Que ton front abattu
Se relève ! Tu dois fuir l'Olympe ! Veux-tu
Ma Cypre bien-aimée, et ses villes d'où monte

Vers moi l'encens? Paphos, Idalie, Amathonte?
Dis, veux-tu Salamine, enchantement des cieux?

MERCURE.

Je voudrais, je l'avoue, un bien plus précieux
Que Paphos, Amathonte, et même Salamine!

VÉNUS.

Ces joyaux, que le feu des rubis illumine,
Plus brillants que jamais aux cieux n'étincela
Le matin, les veux-tu?

MERCURE, avec intention.

                    Non. Ce n'est pas cela
Que je voudrais.

VÉNUS.

                    Veux-tu ces agrafes? ces boucles
De saphirs? ces colliers où de mille escarboucles
Frémit l'éclair, qui met l'univers sous ma loi?

MERCURE.

Non. Je veux plus encor!

VÉNUS.

                    Veux-tu... que sais-je, moi!
Ma ceinture!

MERCURE, laissant échapper un cri de joie et de triomphe.

Ah!

VÉNUS.

C'est donc cela?

MERCURE, composant immédiatement son visage, et affectant
une profonde indifférence.

Non. Ta ceinture?

Quelle folie!

VÉNUS, à part.

Il n'en veut pas!

(Haut.)

Prends-la, Mercure.

Tiens. Prends-la pour charmer l'ennui de ton exil.

MERCURE, hypocritement.

A quoi bon? Qu'en ferais-je!

VÉNUS, à part.

Au fait, qu'en ferait-il?

(Haut.)

Si. Prends-la. Je le veux.

(Lui mettant la ceinture dans la main.)

Accepte-la, te dis-je.

MERCURE, prenant la ceinture des mains de Vénus.

Cette ceinture émue et vivante, ô prodige!
Tu me l'offres, à moi, Cypris! En vérité
J'en rougis! Dieu connu pour mon austérité,
D'un œil indifférent et sec je la regarde,
Mais, puisque tu le veux, chère âme, je la garde!

VÉNUS, stupéfaite.

Ma ceinture!

MERCURE, voulant cacher dans sa poitrine la ceinture
de Vénus.

Les feux dont elle m'enflamma
Brûleront à jamais cette poitrine!

VÉNUS.

Ma

Ceinture!

MERCURE.

Là, jusqu'à l'éternité future,
Fidèle ami, je la garderai.

VÉNUS.

Ma ceinture!

MERCURE.

En elle je pourrai revoir ta lèvre en fleur
Et tes beaux cheveux d'or!

VÉNUS.

Ma ceinture! Au voleur!

(Un coup de tonnerre retentit; Vénus et Mercure se séparent
vivement et gardent un moment le silence.)

Tiens! Jupiter m'entend. C'est un coup de tonnerre.

MERCURE, souriant, à part.

Non, Hébé m'avertit. Le maître débonnaire
A fait sa paix. Le cygne a réparé ses torts.
Donc, je n'ai plus besoin de la ceinture. Alors
Soyons grand.

(Haut.)

O Vénus, je t'éprouvais. Cette arme
Céleste, la ceinture où dort le divin charme,
Objet de tes regrets, dont les feux enivrants
Embrasent la nature...

VÉNUS.

Eh bien?

MERCURE.

> Je te la rends!

VÉNUS.

Encore!

MERCURE.

Encor, Cypris!

VÉNUS.

> A cause du tonnerre,
Traître! — Tu vois qu'avec sa justice ordinaire
Le maître t'y contraint. Ne fais pas l'étonné.

MERCURE.

Tu te trompes. Là haut Jupiter a tonné
Pour réclamer sa pomme. En cette conjoncture,
Je pouvais, en offrant à Junon la ceinture,
Désarmer sa colère avec ce riche don,
Mais il ne me plaît pas d'obtenir mon pardon!

VÉNUS.

Quoi!

MERCURE.

> Règne. Sois heureuse en ce riant asile.
Moi, je cherche la brume et l'oubli. Je m'exile.

VÉNUS.

Pourquoi donc?

MERCURE.

> Mon malheur n'est rien, mais tu l'accrois
En ne voulant pas croire à mon amour!

VÉNUS, tendant ses mains à Mercure.

> J'y crois!

MÉRCURE.

Vrai?

VÉNUS.

Vrai, Mercure.

MERCURE.

Eh! bien! non! Ce trait me désarme.
Je veux te dire tout. Je vivais sous le charme
D'Hébé. Mes vœux, mes pleurs, mes récits, mes tourments,
Rien n'était vrai. Depuis ce matin, je te mens
Comme un soleil d'avril! je te volais, parjure,
Ta pitié douce, après t'avoir pris ta ceinture.
C'est assez de mensonge et de vol en un jour,
Cypris,

(Avec l'accent de l'amour vrai.)

je ne veux pas te voler ton amour!

VÉNUS.

Allons, tu mens encor!

MERCURE.

Moi?

VÉNUS.

Dans ce moment même.
Tu mentais ce matin en me disant : « Je t'aime, »
Mais l'amour invisible est toujours sur tes pas,
Et tu mens en disant que tu ne m'aimes pas!

(Elle donne à Mercure un soufflet amical.)

Innocent! — Mieux que toi j'ai vu sous tes paroles
Tout ce que tu pensais. Qui te dit que tu voles
Ce que je donne? Vois!

MERCURE, *tombant agenouillé aux pieds de Vénus.*

Ta lèvre me sourit !

Tu pardonnes !

VÉNUS.

Vénus aime les gens d'esprit.

MERCURE.

Ma reine ! ma déesse !

VÉNUS.

Oui, mon cœur te pardonne
Sans peine. Et puis...

MERCURE.

Et puis?..

VÉNUS.

La pomme était si bonne !

(Mettant un doigt sur ses lèvres).

Chut !

MERCURE.

Chut !

*(Tirant de sa tunique et montrant à Vénus une pomme tout à
fait semblable à celle qu'on a déjà vue).*

Et celle-ci, déesse aux beaux cheveux,
La veux-tu ?

VÉNUS.

Voyez-vous ! Le fourbe en avait deux !

MERCURE.

Non.

VÉNUS.

Comment, non !

MERCURE.

J'en suis allé cueillir une autre
Par prudence, tandis que tu croquais la nôtre.
Elle est plus belle et plus appétissante encor,
Elle a l'odeur de l'ambre et la couleur de l'or.
Tiens, prends.

VÉNUS, prenant d'abord la pomme, puis la rendant
dédaigneusement à Mercure.

Non. Celle-ci ne me fait plus envie.

MERCURE.

Et l'autre plaisait tant à ta lèvre ravie !

VÉNUS.

C'est vrai. Je l'ai croquée avec tant de plaisir !
Qui lui donnait ce charme irritant ?

MERCURE.

Le désir !

(Au public.)

Vous, ne dédaignez pas une chanson frivole !
Ce conte, plus léger que la brise qui vole,
Est vrai comme la vie et comme nos amours.
Car, tant que mûriront les fruits vermeils, toujours
La femme voudra mordre, et, tous tant que nous sommes,
Nous aimerons toujours les mangeuses de pommes !

FIN.

PARIS. — J. CLAYE, IMPRIMEUR, RUE SAINT-BENOIT, 7

www.ingramcontent.com/pod-product-compliance
Lightning Source LLC
LaVergne TN
LVHW010429060726
842526LV00005B/1723